AF460787

NOTE

SUR LE ROLE IMPORTANT

DES CATÉCHISTES

POUR L'ÉVANGÉLISATION DU PEUPLE

AU JAPON

Par M. L'ABBÉ F. MARNAS

Précédée d'une lettre de

NN. SS. LES ÉVÊQUES DU JAPON

LYON

IMPRIMERIE ET LIBRAIRIE EMMANUEL VITTE

30, rue Condé, et place Bellecour, 3

1891

NOTE

SUR LE ROLE IMPORTANT

DES CATÉCHISTES

AU JAPON

LYON. — IMPR. E. VITTE, RUE CONDÉ, 30.

NOTE

SUR LE ROLE IMPORTANT

DES CATÉCHISTES

POUR L'ÉVANGÉLISATION DU PEUPLE

AU JAPON

Par M. L'ABBÉ F. MARNAS

Précédée d'une lettre de

NN. SS. LES ÉVÊQUES DU JAPON

LYON
IMPRIMERIE ET LIBRAIRIE EMMANUEL VITTE
30, rue Condé, et place Bellecour, 3

1891

LETTRE

DE NN. SS. LES ÉVÊQUES DU JAPON

A M. l'Abbé MARNAS

Japon, février 1891.

MONSIEUR L'ABBÉ,

Votre excellente lettre témoignant tant de sympathie pour notre cher Japon, et la note sur l'œuvre des Catéchistes, qui l'accompagnait, nous sont parvenues et nous ont causé une vraie joie.

Bénie soit la divine Providence, qui vous a inspiré de si généreux projets ! Et à vous, Monsieur l'Abbé, nos félicitations et nos remercîments pour le dévouement et le zèle avec lesquels vous avez répondu à son appel. Le moyen, d'ailleurs, que vous indiquez de secourir nos missions dans leurs grandes difficultés, nous paraît être des mieux choisis.

Nous sommes également très touchés et profondément reconnaissants à Son Eminence le Cardinal Archevêque de Lyon non seulement d'avoir bien voulu vous permettre de visiter le Japon dans les vues tout apostoliques qui vous ont guidé, mais encore de daigner, après votre retour à Lyon, vous laisser en faveur de nos missions, une liberté suffisante pour travailler à leur procurer des secours dont vous avez constaté par vous-même l'absolue nécessité.

Puissent vos nobles efforts, Monsieur l'Abbé, réussir à accroître nos moyens de hâter la venue du règne de Dieu dans ce pays ! Aujourd'hui, hélas ! les catéchistes sont, en effet, en nombre insuffisant dans tous nos vicariats. Les multiplier équivaut, dans une certaine mesure, à multiplier les missionnaires eux-mêmes.

Priant donc l'infinie Bonté de vous récompenser dignement vous-même, cher Monsieur l'Abbé, de votre apostolique entreprise, nous lui demanderons humblement avec vous, dans nos prières, de la bénir pour la gloire de son Nom ; et de combler aussi de ses plus précieuses faveurs les personnes qui vous prêteront le concours de leurs aumônes.

Recevez, Monsieur l'Abbé, avec l'expression de notre reconnaissance, celle de nos sentiments les plus affectueux et les plus dévoués.

† Pierre-Marie OSOUF,

Evêque titulaire d'Arsinoë,
Vicaire apostolique du Japon septentrional.

† J.-A. COUSIN,

Evêque titulaire d'Acmonie,
Vicaire apostolique du Japon méridional.

† Félix MIDON,

Evêque titulaire de Cesaropolis,
Vicaire apostolique du Japon central.

LETTRE

DE M. L'ABBÉ F. MARNAS

à NN. SS. les Évêques du Japon,

Lyon, le 16 novembre 1890.

MESSEIGNEURS,

Me voici rentré en France, mais j'ai l'âme trop pleine des immenses misères que m'a révélées mon voyage pour trouver de la joie à ce retour. Ma pensée me reporte à chaque instant vers le Japon, et je puis dire que je n'ai pas cessé d'y vivre après l'avoir quitté.

Comment ne pas s'attacher à ce peuple sympathique, si intelligent et si poli ; à ce peuple que saint François-Xavier, son premier apôtre, aimait au point de l'appeler : « les délices de son cœur » ? Comment, lorsqu'on est prêtre, ne pas s'incliner avec compassion sur les plaies que le paganisme lui a faites, et que peut seul cicatriser le sang de Jésus-Christ ? Quelles espérances d'ailleurs ne pas concevoir d'un pays qui dans le passé a donné au vrai Dieu un si grand nombre de martyrs, et où, en dépit des persécutions, la foi catholique s'est pendant trois siècles transmise dans l'ombre, sans pasteurs et sans autels !

Il y a à peine vingt ans qu'au Japon les chrétiens étaient condamnés à la déportation, s'ils ne foulaient aux pieds la croix; à peine dix ou quinze ans, que les missionnaires y ont pu pénétrer, et déjà, Messeigneurs, vous m'avez montré dans cet Empire, qui ne compte pas moins de 39 millions d'habitants, un petit troupeau de 50.000 catholiques, troupeau fidèle, convaincu, zèlé même, et qui chaque année va s'augmentant de plusieurs milliers. Vous m'avez fait entrevoir combien la liberté religieuse, proclamée par la Constitution de 1889, pourrait être favorable à l'extension du règne du vrai Dieu, et de quel coup mortel elle venait de frapper en leurs racines séculaires le Shintoïsme et le Boudhisme encore si puissants. Enfin, cette nation, qui, contrairement à ses voisines, vient de réaliser, en moins d'un quart de siècle, de si surprenants progrès, qui sans secousse violente vient de passer de la féodalité au régime parlementaire; a refait ses codes, réformé ses écoles, réorganisé son administration, ses finances, son armée, sa marine; créé des industries nouvelles, et ouvert à son commerce de nombreux débouchés, vous me l'avez représentée comme le champ de bataille où se débat dans l'Extrême-Orient immobile et stationnaire l'avenir de la civilisation chrétienne.

Voilà ce qui donne à cette heure une si grande importance à votre action religieuse au sein de cette société qui, cherchant à s'assimiler une à une nos institutions, a surtout besoin de voir fleurir celles qui sont directement inspirées par le catholicisme. Vos séminaires, vos écoles, vos orphelinats, chacune en un mot de vos œuvres apostoliques, est un bienfait pour ce pays.

Il en est une cependant que j'estime et que j'aime entre toutes, vous le savez, parce qu'elle n'a cessé de m'apparaître comme capitale. C'est l'Œuvre de l'évangélisation du peuple par les catéchistes. Multiplier en grand nombre au Japon ces ouvriers de vérité, qui sont comme une extension, comme un rayonnement du missionnaire, tel est, me semble-t-il, le moyen le plus efficace pour accélérer sa conversion. Au lieu d'un catéchiste ou deux, chaque prêtre pourrait en effet en avoir six, huit, ou même dix sous ses ordres. S'il en était ainsi, il pourrait vraisemblablement à la fin de l'année, au lieu de compter les chrétiens nouveaux par dizaines, les compter par centaines.

Pour réaliser un si grand bien, les ressources seules vous manquent! Qu'une telle situation est triste! C'est pour la faire connaître que je viens humblement soumettre au jugement de Vos Grandeurs les quelque pages, qui suivent. Je les destine à mes amis et à tous ceux qui s'intéressent à la diffusion du Christianisme et de la vraie civilisation dans le monde.

C'est, vous ne l'ignorez pas, l'unique espoir d'être plus utile au Japon, qui m'a fait ambitionner de devenir, suivant votre conseil, son missionnaire en

Europe. J'ai dans ce but, sollicité de Son Eminence le Cardinal Foulon, mon Père vénéré dans le sacerdoce, une indépendance relative qu'il a bien voulu m'accorder. Je voudrais essayer d'intéresser à vos Eglises renaissantes nos vieilles Eglises d'Occident, si riches, si miséricordieuses et qui n'ont jamais refusé leur appui à aucune grande cause.

Dès aujourd'hui, grâce au concours de deux de mes amis, je puis vous envoyer de quoi subvenir à l'entretien de vingt nouveaux catéchistes. Si Dieu bénit mes efforts, ce nombre pourra sans doute être augmenté dans la suite. Mais si mes appels demeurent sans réponse, c'est avec joie que je demanderai à être renvoyé parmi vous, vous apportant à défaut d'argent, ma vie elle-même. Il me serait infiniment plus doux, en effet, de partager les fatigues et les consolations de votre apostolat, que de tendre la main.

Seule, votre haute approbation peut donner, je le sens, quelque poids à mes paroles et à mes actes. C'est pourquoi je vous la demande. J'ai beau avoir vécu au Japon, j'ai beau avoir vu de près vos chrétientés, et le rôle considérable qu'au point de vue de leur formation remplissent les catéchistes, j'ai beau avoir au cœur le désir ardent de les multiplier pour le salut de ce peuple, qui pourrait être grand, s'il devenait chrétien, me croira-t-on si ma voix s'élève sans la vôtre? Et comment, sans l'appui de votre autorité, in-

téresser les catholiques qui vivent ici à vos lointaines conquêtes ?

Je connais trop, Messeigneurs, votre pensée sur les catéchistes, et combien vous souhaiteriez d'en pouvoir augmenter le nombre, pour douter que votre réponse se fasse longtemps attendre.

Veuillez, je vous en prie, bénir de loin celui qui parmi vos missionnaires vivait si heureux, il y a quelques mois à peine.

Il est

De Vos Grandeurs

Le plus humble et le plus dévoué serviteur.

F. MARNAS,
Missionnaire apostolique.

NOTE
SUR LE ROLE IMPORTANT
DES CATÉCHISTES
POUR L'ÉVANGÉLISATION DU PEUPLE, AU JAPON

J'ai été très frappé au cours de mon voyage en Extrême-Orient du mode assez généralement employé pour l'Evangélisation.

Mais je ne veux parler ici que du Japon, où je suis d'ailleurs demeuré beaucoup plus longtemps, qu'en Chine et en Corée.

Nulle part, en ce pays, ce n'est par le missionnaire seul, si instruit d'ailleurs et si zélé soit-il, que s'obtiennent les conversions.

Il en partage l'honneur avec un auxiliaire indigène, laïque et d'ordinaire marié : le catéchiste. Il semble que les premiers païens éclairés par la Foi, et régénérés par le baptême soient providentiellement appelés à la gloire de convertir leurs frères, comme si, pour les tremper, Dieu voulût dès l'origine leur faire pratiquer, dans ce qu'elle a de plus excellent, la vertu fondamentale du Christianisme : la charité. Sans doute, l'action du catéchiste ne supprime pas celle du prêtre. Elle s'ajoute à elle pour la seconder et surtout pour l'étendre. Rien sans le missionnaire ne se fait. Qui, sinon lui, a fait les premiers chrétiens ? Et qui, sinon lui, forme encore les catéchistes, ouvriers de conversions plus nombreuses? Néanmoins, on le conçoit, un Japonais, que ne distingue ni son costume, ni sa langue, ni aucune de ses habitudes, peut beaucoup plus facilement se mêler à ses concitoyens, entrer avec eux en relations suivies, et les amener peu à peu à une religion, qu'il a embrassée le premier, au prix des mêmes difficultés. Un étranger, un prêtre, est, surtout dans les débuts, l'objet d'une certaine défiance. Jamais un païen n'aura l'idée du mobile surnaturel, qui l'a fait venir jusqu'à lui, et souvent il le regardera comme poussé par quelque secret intérêt. L'action du missionnaire et celle du catéchiste doivent donc se combiner pour être efficaces. Celle-ci est presque indispensable à celle-là, dans les conditions actuelles.

Un fait bien remarquable au Japon, c'est un goût très développé dans le peuple pour la parole publique. Je ne sache pas de pays au monde, où l'on parle davantage, et où l'on écoute sans moins se lasser.

Le Japonais est naturellement éloquent, et il n'est pas rare de rencontrer, même chez des hommes d'une instruction médiocre, un vrai talent d'improvisation. Quiconque a quelque chose à dire trouve toujours un auditoire complaisant. Il suffit pendant le jour de suspendre à sa porte une lanterne en papier sur laquelle sont peints quelques caractères chinois, et le soir venu, que vous soyez homme politique, prédicateur de religion, ou simple conteur d'histoires, vous trouvez devant vous, accroupis sur vos nattes, des gens de tout âge et de toute condition, qui fumant leurs pipes minuscules, et s'offrant du thé avec politesse, vous écouteront volontiers jusqu'à une heure avancée de la nuit.

Profitant de la liberté que le gouvernement leur donne, les missionnaires ne se font pas faute d'avoir soit chez eux, soit chez leur catéchiste, soit dans des maisons louées à cet effet, de fréquentes prédications. Maintes fois, surtout à Kyoto, j'ai assisté à ces conférences du soir, où chrétiens et païens se coudoyaient pêle-mêle, et où missionnaires et catéchistes parlaient à tour de rôle. Maintes fois, j'ai assisté aux objections des bonzes ou de leurs envoyés, et aux victorieuses répliques de leurs adversaires. J'étais en proie, je l'avoue, à une vive émotion, lorsque la vérité venant à éclairer ces âmes, j'entendais de longs murmures d'approbation s'élever dans la foule, ou que le Nom de Jésus-Christ lui était jeté tout brûlant d'amour et de ferveur, par quelque jeune et ardent catéchiste, en qui je croyais voir revivre un Etienne ou un Laurent de la primitive Eglise.

Il est admirable au sein de ces chrétientés naissantes le rôle dévolu à ce baptisé d'hier ! Son apostolat ne se borne pas à ces discours publics. Tout le temps qu'il ne donne pas à l'étude, il le consacre aux relations avec les païens, avec ceux surtout, que le catholicisme semble attirer plus fortement. Il leur enseigne la sainte doctrine ; il les prépare au baptême ; il s'intéresse aux enfants, aux malades, aux pauvres ; il prend part aux événements heureux ou malheureux des familles, dont il devient le confident et l'ami, et souvent il arrive qu'il gagne à Dieu les âmes de ses frères, autant par ses œuvres que par ses paroles.

Le catéchiste est donc comme le rayonnement, comme l'extension du missionnaire. Il lui prépare les voies, lui concilie les esprits et les cœurs; apôtre comme lui il poursuit le même but par un ministère tout semblable. C'est vraiment le catéchiste, qui est la cheville ouvrière dans l'œuvre si importante de l'évangélisation du peuple.

Grâce à Dieu, le nombre des chrétiens augmentant d'années en aunées, cet auxiliaire si précieux deviendra de moins en moins difficile à trouver; sa formation est d'ailleurs rendue plus aisée par l'expérience acquise. Nulle part, je le sais, on ne peut espérer fonder une église, sans lui donner pour base un clergé indigène instruit et vertueux,et j'ai pu constater moi-même que l'œuvre des séminaires tient une grande place dans la préoccupation des évêques du Japon. Mais tandis que pour un prêtre indigène, qui à une connaissance assez approfondie des sciences sacrées, doit joindre la pratique de vertus élevées et rudes à la nature, il faut une vocation très spéciale, très éprouvée, et partant de longues études et une longue préparation, un catéchiste, qui n'est astreint ni à la virginité, ni à un genre de vie irrévocable, peut en quelques mois, surtout s'il a déjà de l'instruction, être formé de manière à rendre de réels services. Le missionnaire choisit d'ailleurs parmi les mieux doués et les plus fervents de ses chrétiens cet homme de bonne volonté. Il l'instruit lui-même, lui procure des livres, répond à ses objections ou à celles qu'on lui pose, et surveille de près sa manière d'enseigner.

Etant donc donné ce double fait, que c'est surtout par les catéchistes que s'obtiennent les conversions, et que leur formation présente relativement peu de difficulté, n'est-il pas de la dernière évidence, qu'aucune œuvre ne saurait être plus efficace pour accélérer la conversion en masse du peuple, que de multiplier en grand nombre ces ouvriers évangéliques?

Que si l'on m'objectait l'œuvre si importante des écoles confiée à la Société de Marie, si connue par son collège Stanislas, de Paris, je répondrais que ces deux œuvres, loin de s'exclure, sont faites pour marcher de front : la première, celle des catéchistes, visant le corps du peuple, par la conversion en masse des familles ; la seconde, celle des écoles, visant sa tête, dans la jeunesse des classes élevées.

J'aurais donc pu m'étonner de trouver au Japon un nombre relativement restreint de catéchistes voués à la conversion des païens. Je ne compte pas, en effet, les chefs de chrétienté, si nombreux dans le sud, et qui veillant gratuitement à la récitation des prières et à l'instruction chrétienne des enfants, contribuent moins à la propagation qu'au maintien de la Foi. Mais cet étonnement n'est pas permis à quiconque a vu de près la pauvreté des évêques et des missionnaires. Pour conquérir à Dieu des multitudes, pour répandre partout dans ce peuple innombrable les ouvriers du Sauveur, les ressources leur manquent.

Contrairement à ce que l'on croit en Europe, dans une mission comme le Japon, si importante et si nouvelle, où tout serait à créer à la fois, où l'on doit faire bien tout ce que l'on entreprend pour satisfaire aux exigences d'une civilisation encore païenne mais très raffinée, et où, d'autre part, le peuple est appauvri par les dépenses formidables de sa réorganisation, le don annuel de la Propagation de la Foi suffit à peine au catholicisme pour le maintenir simplement dans la situation qu'il occupe.

Un missionnaire reçoit pour viatique 660

francs par an. Il lui faut avec cette somme, vivre, s'entretenir, louer une maison, installer sa chapelle et voyager. Quelques ressources reçues directement de son évêque, lui permettent d'avoir un catéchiste ! Un catéchiste ! Qu'est-ce en vérité en face de ces millions d'âmes, qu'il a à convertir (1) !

J'ai recueilli nombre de fois les regrets attristés des missionnaires à ce sujet. « En tra-« versant la province de Mino, me disait l'un « d'eux, j'ai trouvé une population bien dis-

(1) Extrait d'une lettre du Père Corre (Japon méridional).

Depuis le mois de février de l'année dernière, je suis chargé de la ville de Kumamoto avec 14 arrondissements de la province, sans compter la presqu'île de Shimabara. J'ai dû laisser en permanence dans cette dernière partie, où il y a beaucoup de travail, le prêtre indigène, qui m'avait été donné pour aide.

Je reste donc seul pour cette grande ville et ses nombreuses sous-préfectures. Et cependant la moisson s'annonce partout très belle. Dans Kumamoto, l'armée surtout (il y a une garnison), m'offre de grandes espérances. Dans les 45 villes de l'intérieur, que j'ai déjà parcourues, on est aussi généralement bien disposé, et dans les campagnes, on l'est mieux encore. J'ai donc là devant moi plus d'un million d'âmes (l'équivalent de deux grands diocèses de France) ! La province, au point de vue politique et social, est la plus importante de tout le Kiushiu. Or, aucun missionnaire catholique n'en a été chargé avant moi, et tout est à faire. Les protestants implantés ici depuis des années y ont partout quelques fidèles. Et cependant la victoire serait à nous, si nous avions des ouvriers. La mission me donne deux catéchistes, c'est à peine s'ils peuvent suffire à faire la moitié de la besogne dans la ville principale. Je manque de ressources pour en engager d'autres et les envoyer dans l'intérieur.

« posée. Elle me suppliait de rester près d'elle « et de l'instruire, me laissant entendre qu'elle « se convertirait. Quoique j'en eusse l'âme dé- « chirée, j'ai dû partir, pour me trouver le « lendemain à 50 lieues de là. Je ne pus lui « laisser d'autre espoir, que celui de me voir « revenir après plusieurs mois. Si j'avais eu un « catéchiste disponible je l'aurais installé là, « et à mon prochain voyage, j'aurais sûrement « trouvé tout un petit troupeau, chrétien déjà « par ses croyances et soupirant après le « baptême.

« De tous les côtés on m'appelle, m'écri- « vait un autre, du bas Yamato, des villes qui « sont au bord de la mer. Un homme haut « placé d'Iwasa, parent d'un de nos chrétiens « de Wakayama, m'a invité à plusieurs re- « prises, m'assurant de son concours. Mais le « peu d'argent que j'ai ne me suffit même pas « pour les deux stations déjà établies de « Wakayama et de Kishiwada, et chaque « mois voit s'augmenter mes dettes. »

Et lorsque, cherchant à connaître séparément les avis, je disais à quelque missionnaire : « Supposez que, rentré en Europe, je « puisse vous trouver des ressources, quel « usage en feriez-vous ? Construiriez-vous

« une église à la place de votre oratoire do-
« mestique ? Ouvririez-vous une école pour
« les enfants de vos chrétiens, réduits à s'ins-
« truire chez des païens ? Ou bien fonderiez-
« vous un modeste hôpital, ou quelque autre
« œuvre charitable, dans le but de montrer
« les bienfaits du catholicisme et de toucher
« les cœurs ? » — « Non », me répondaient-
ils tous ; « cet argent, nous l'emploierions à
« augmenter le nombre de nos catéchistes.
« Le protestantisme est menaçant ; avant tout
« faisons des catholiques ; avant tout, cons-
« truisons une église spirituelle. Il en est
« temps encore : le reste viendra plus tard. »

Je connais un missionnaire, qui depuis plus de six ans s'abstient chaque jour de dîner. Il se contente d'un déjeuner et d'un souper frugals. Les quelques sous économisés ainsi sur sa nourriture lui permettent d'entretenir un catéchiste de plus pendant quelques mois de l'année.

Une telle situation est infiniment regrettable, d'autant plus qu'au lieu d'un catéchiste ou deux, chaque missionnaire pourrait en avoir six, huit ou même dix. Tout catéchiste étant un centre d'évangélisation au milieu des païens, le missionnaire pourrait visiter tour à tour ces différents centres, et porter aux chrétiens les bienfaits des sacrements. Ce n'est pas quelques dizaines de chrétiens de plus qu'il pourrait compter alors à la fin de l'année, mais des centaines et des centaines.

L'heure, en outre, est propice pour l'évangélisation en masse de ce peuple. Non seulement la loi protège la sainte liberté des missionnaires, mais le Japon est encore un pays fermé, ce qui met ses populations suffisamment à l'abri du contact des aventuriers américains ou européens, dont les exemples sont d'ordinaire funestes.

Aucun étranger ne peut circuler sans un passeport fréquemment visé, ni posséder un arpent de terre en dehors des concessions de quelques ports ouverts. Le missionnaire que le seul gain des âmes attire dans l'intérieur ne rencontre donc pas encore d'entrave de ce côté, à son action religieuse et civilisatrice.

Beaucoup moins sceptique que ne se plaisent à le répéter ceux qui ont vécu à la capitale et fréquenté surtout les classes élevées, le peuple est très attaché à ses dieux et à ses pagodes. Il y fait de fréquents pèlerinages. Dans le seul temple d'Isé, célèbre par son antiquité, on a compté du 1er janvier au 31 mars de la présente année, plus de 161.000 visiteurs venus de tous les points de l'empire. Mus par un vague sentiment religieux, paysans et commerçants apportent volontiers aux bonzes une partie de leurs petites économies, et dans ces derniers temps, lorsque le Boudhisme menacé voulut s'affirmer à Kyoto, la ville sainte, par l'érection d'un temple grandiose, les femmes sont allées jusqu'à se dépouiller de leurs magnifiques chevelures. On en a fait des câbles énormes, les seuls employés dans la construction du temple de Honguandji.

En tombant sur de telles âmes, la prédication chrétienne ne tombe donc pas sur une multitude indifférente, mais sur une multitude aveugle, et capable à l'heure de la lumière de brûler, elle aussi, ce qu'elle a adoré, et d'adorer ce qu'elle a brûlé.

Qui pourrait donc dire ce que deviendrait le Japon et de combien sa conversion au christianisme serait hâtée, si les catéchistes étaient multipliés, si chaque ville, chaque village important pouvait en avoir au moins un?

C'est cette pensée longtemps méditée, c'est cette nécessité plus vivement ressentie à chaque pas que je faisais, qui m'a poussé à me dévouer à une telle cause. Je voudrais susciter en sa faveur quelques sympathies, la faire connaître à mes amis et à tous ceux que ne laissent point indifférents les conquêtes de l'Eglise catholique dans le monde.

Oh ! je les en supplie, qu'ils écoutent ma prière, ces fils de nos vieilles chrétientés. Leur charité est inépuisable. Ils n'ont jamais refusé leurs trésors à Jésus-Christ. Beaucoup lui consacrent leur vie. Plusieurs lui ont donné leur sang !

Vous donc, leur dirai-je, vous qui aimez ce Divin Libérateur de vos âmes, voulez-vous travailler efficacement à l'extension de son règne ?

Voulez-vous lui conquérir d'autres âmes ? Voulez-vous les lui conquérir nombreuses ?

Voulez-vous communiquer aux esclaves du paganisme, avec la connaissance du vrai Dieu, les bienfaits de la vie surnaturelle dont vous vivez ? leur donner le baptême, la grâce, et le ciel au delà du tombeau ?

En un mot voulez-vous être de ceux qui travaillent à la grande œuvre de la civilisation des peuples par le christianisme ? Ecoutez :

Vous qui avez au cœur ce désir généreux et saint, mais que des occupations de tout genre absorbent, vous pouvez sans rien changer à votre vie, devenir véritablement missionnaires.

Vous pouvez par vos aumônes multiplier ceux qui, au fond de l'Asie, au sein d'un peuple intelligent et actif, prêchent l'Evangile à leurs frères.

Que faut-il à un catéchiste du Japon, pour vivre, lui, sa femme et ses enfants ? 500 francs au moins (surtout si ses enfants sont nombreux). C'est cette somme qui lui suffit à peine, en moyenne, que je cherche. Voyez ce qu'elle produit.

Voici pour les deux dernières années la moyenne des conversions d'adultes obtenues par chaque catéchiste dans le vicariat de Tokio, que je choisis à dessein (1) :

En 1888, 45 adultes par catéchiste.

En 1889, 37 — —

Je ne parle que des adultes, car ce sont

(1) L'action des catéchistes y est plus saisissable. Ce vicariat fondé depuis peu d'années en plein pays païen compte déjà plus de 12.000 chrétiens. Dans le sud, les efforts des missionnaires ont été en grande partie absorbés jusqu'en ces derniers temps par les nombreux descendants des anciens chrétiens découverts en 1865.

eux qui représentent le travail effectif des catéchistes. Mais les enfants de ces adultes suivent naturellement la religion de leurs parents, et en proportion plus nombreuse.

Partant donc de cette moyenne, établie sur des faits et qui, sans avoir rien d'absolu, donne cependant une certaine base aux espérances pour l'avenir, je suis autorisé à dire que quiconque adopterait un catéchiste, pourrait se considérer comme la cause de la conversion d'une quarantaine d'adultes environ par année. Si, d'ailleurs, rien ne venait contrarier la régularité de ces succès, en 10 ou 12 ans, ce bienfaiteur aurait procuré 500 conversions, un millier en 20 ou 25 ans. Et je ne compte pas les enfants, qui sont nombreux, en général, dans les familles japonaises. Que dire d'une personne riche, qui donnerait tous les ans 1,000, 2,000 ou 3,000 francs pour l'adoption de 2, 4 ou 6 catéchistes! Quelles gerbes pour le ciel elle moissonnerait! Et peut-il y avoir d'aumône meilleure que celle qui donne Dieu aux âmes, et les âmes à Dieu!

Je suppose qu'une personne ne puisse fournir que la quarantième partie de la somme nécessitée par l'entretien d'un catéchiste, c'est-à-dire environ 12 francs (un franc par mois), ne serait-elle pas encore, d'après la même moyenne, la cause de la conversion d'un adulte chaque année?

Ainsi tous, pauvres ou riches, vous pouvez par vos dons multiplier ces ouvriers évangéliques, et travailler au rachat de vos frères.

Est-il besoin de vous montrer votre récompense? Elle est entre les mains de Celui qui, sous les portiques du temple de Salomon, bénit un jour le denier d'une veuve. C'est lui qui, sur le seuil de la Jérusalem céleste, vous dira dans sa gloire: Venez. Je tiens pour fait à moi-même tout ce que vous avez fait aux derniers d'entre vous.

Pour tous renseignements, s'adresser à

Monsieur F. MARNAS

Missionnaire apostolique

CHEZ LES MISSIONNAIRES DU DIOCÈSE

LYON *(Les Chartreux)*.

Les dons, quelle que soit leur importance, seront reçus à cette adresse, et remis à Leurs Grandeurs les Vicaires Apostoliques du Japon.

8919. — Lyon. Imp. Emm. VITTE, rue Condé, 30.

LYON. — IMPR. E. VITTE, RUE CONDÉ, 30.

www.ingramcontent.com/pod-product-compliance
Ingram Content Group UK Ltd.
Pitfield, Milton Keynes, MK11 3LW, UK
UKHW021043180726
13838UKWH00004B/1981